GRAND
ALPHABET JOUJOU
DES
PETITS ENFANTS.

X

(443)

19675

GRAND ALPHABET,

JOUJOU

DE MES PETITS ENFANTS

LETTRES ALLÉGORIQUES.

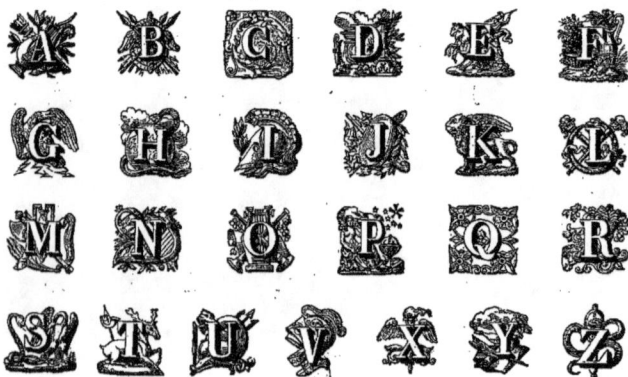

ALPHABETS DE DIVERS CARACTÈRES.

ROMAIN.	ITALIQUE.	RONDE.	ANGLAISE.	GOTHIQUE.
A a	A a	A a	A a	A a
B b	B b	B b	B b	B b
C c	C c	C c	C c	C c
D d	D d	D d	D d	D d
E e	E e	E e	E e	E e

ROMAIN.	ITALIQUE.	RONDE.	ANGLAISE.	GOTHIQUE.
F f	F f	F f	F f	F f
G g	G g	G g	G g	G g
H h	H h	H h	H h	H h
I i	I i	I i	I i	I i
J j	J j	J j	J j	J j
K k	K k	K k	K k	K k
L l	L l	L l	L l	L l

ROMAIN.		ITALIQUE.		RONDE.		ANGLAISE.		GOTHIQUE.	
M	m	*M*	*m*	M	m	M	m	M	m
N	n	*N*	*n*	N	u	H	n	N	u
O	o	*O*	*o*	O	o	O	o	O	o
P	p	*P*	*p*	P	p	P	p	P	p
Q	q	*Q*	*q*	Q	q	Q	q	Q	q
R	r	*R*	*r*	R	r	R	r	R	r
S	s	*S*	*s*	S	s	S	s	S	s

ROMAIN.		ITALIQUE.		RONDE.		ANGLAISE.		GOTHIQUE.	
T	t	T	t	T	t	T	t	T	t
U	u	U	u	U	u	U	u	U	u
V	v	V	v	V	v	V	v	V	v
W	w	W	w	W	w	W	vv	W	w
X	x	X	x	X	x	X	x	X	x
Y	y	Y	y	Y	y	Y	y	Y	ÿ
Z	z	Z	z	Z	z	Z	z	3	ʒ

CHIFFRES.

1 2 3 4 5 6 7 8 9 0

Un. Deux. Trois. Quatre. Cinq. Six. Sept. Huit. Neuf. Zéro.

10 20 30 40 50 60

Dix. Vingt. Trente. Quarante. Cinquante. Soixante.

70 80 90 100 200

Septante
ou Soixante-dix.   Quatre-vingts.   Nonante
ou Quatre-vingt-dix.   Cent.   Deux cents.

300 400 500 1000

Trois cents.   Quatre cents.   Cinq cents.   Mille.

A B C

Ane.   Anon.

Butor.

Chien.

Arabe.

Balançoire.

Cadenas.   Chapeau.

VOYELLES.

a e i o u y

CONSONNES.

b c d f g h j k l m n p
q r s t v x z

LETTRES DOUBLES.

æ œ w fi ffi fl ffl

ba	be	bi	bo	bu	na	ne	ni	no	nu
ca	*ce*	*ci*	co	cu	pa	pe	pi	po	pu
da	de	di	do	du	qua	que	qui	quo
fa	fe	fi	fo	fu					quu
ga	*ge*	*gi*	go	gu	ra	re	ri	ro	ru
ha	he	hi	ho	hu	sa	se	si	so	su
ja	je	ji	jo	ju	ta	te	ti	to	tu
ka	ke	ki	ko	ku	va	ve	vi	vo	vu
la	le	li	lo	lu	xa	xe	xi	xo	xu
ma	me	mi	mo	mu	za	ze	zi	zo	zu

MOTS SYLLABÉS.

Pa – pa.	Voi – sin.
Ma – man.	Poi – re.
Da – da.	Bo – bo.
Vo – lant.	Bo – nnet.
Rai – sin.	Bé – guin.
Jar – din.	Fan – fan.
Se – rin.	Gâ – teau.

Jou – jou.	Cou – teau.
Na – non.	Cha – peau.
Tou – tou.	A – bat – tu.
Pou – pée.	A – bo – lir.
Dra – gée.	Ba – bi – llard.
Bon – bon.	Ba – di = ner.
Bam – bin.	Ca – ba – ne.
Po – mme.	Ca – ba –ret.

D  **E**  **F**

Dromadaire.   Eléphant.   Fouine.

Danse.   Eglise.   Fontaine.   Fauteuil.

EXERCICES DE LECTURE.

ANE.

L'Ane pour lequel on paraît avoir tant de mépris, est bon, patient, sobre et utile. On donne au *Cheval* de l'éducation, on le soigne, on l'instruit, on l'exerce; tandis que l'Ane abandonné à la grossièreté du dernier des valets, ou à la malice des enfants, bien loin d'acquérir, ne peut que perdre par son éducation; et s'il n'avait pas un grand fonds de bonnes qualités, il les perdrait en effet par la manière dont on le traite : il est le jouet des rustres qui le conduisent le bâton à la main, qui le frappent, le surchargent, l'excèdent sans précaution, sans ménagement.

Le petit de l'*Ane* se nomme *Anon.*

ARABE.

Arabe. C'est un habitant de l'Arabie, contrée située aux confins de l'Asie et de l'Afrique. Celui que nous représentons est dans le costume adopté par la partie de ce peuple, anciennement soumise aux Deys d'Alger. Les Arabes Algériens habitent le mont Atlas et les déserts du Midi. Ils y vivent de la chasse, de leurs bestiaux et du produit des champs qu'ils cultivent. Ils sont d'une fierté farouche envers les étrangers. Ils ne se mêlent avec aucun peuple, même avec les Maures Algériens. Ils ont une adresse singulière à joûter avec la lance et le javelot, et manient un cheval avec une grande dextérité.

BALANÇOIRE.

La Balançoire ou *Escarpolette*, est une espèce de siège suspendu par des cordes, sur lequel on se place pour être balancé dans l'air. Ce jeu est plus particulièrement en faveur à la campagne.

BUTOR.

Le Butor, comme le *Héron* auquel il ressemble beaucoup, se plaît dans les marais d'une grande étendue. Il fait son nid dans les roseaux où il vit paisible et solitaire. Il se nourrit de petits poissons, de grenouilles et d'autres reptiles aquatiques qu'il attend au passage des heures entières, dans un état complet d'immobilité et les pieds dans l'eau.

Pendant l'automne on le rencontre dans les bois qui avoisinent les étangs. Il fait alors sa nourriture de rats et de mulots qu'il saisit adroitement et avale tout entiers.

CADENAS.

Le Cadenas est une espèce de serrure mobile qui sert à fermer une porte, une malle , une valise , etc. , au moyen d'un anneau placé soit dans un autre anneau , soit entre deux pitons.

CHAPEAU.

Le Chapeau est la coiffure ordinaire des hommes. Les femmes en portent aussi , mais de formes différentes.

CHIEN.

Le Chien est la conquête la plus utile de l'homme. Domestique sûr et vigilant , le *Chien* est toujours prêt à défendre au péril de ses jours , la vie et les intérêts de son maître. Il est le symbole de l'amitié et de la fidélité la plus pure , la plus inaltérable ; la finesse de son odorat et son intelligence sont incroyables.

Après nous avoir servi pendant sa vie , il nous est encore utile après sa mort, sa peau sert à faire des gants. Sa graisse entre dans la composition des perles fausses.

DANSE.

La Danse est un mouvement du corps qui se fait en cadence , à pas mesurés et ordinairement au son des instruments ou de la voix. On peut danser seul , à deux , ou accompagné d'un certain nombre de personnes. C'est un exercice qui donne de la grace , qui assouplit les muscles et qui fortifie lorsqu'on en use avec modération.

DROMADAIRE·

Lé Dromadaire fait avec le *Chameau* la richesse de l'Asie et de l'Afrique. L'un et l'autre y remplacent à la fois nos *Anes*, nos *Chevaux* et nos *Bœufs*. Ils peuvent supporter les plus rudes fatigues, et ils sont si sobres qu'ils restent souvent quatre ou cinq jours sans boire, au milieu des déserts brûlants, en faisant de vingt-cinq à trente lieues par jour, et en portant jusqu'à six cents kilogrammes. Ces animaux sont appelés les *Navires du désert*. La différence qui existe entre le *Chameau* et le *Dromadaire*, c'est que le premier a deux bosses sur le dos, et que l'autre n'en a qu'une.

ÉGLISE·

Une Église est un temple consacré à Dieu, un lieu destiné à la célébration du service divin.

ÉLÉPHANT·

L'Éléphant est le plus grand des quadrupèdes connus. Il a l'intelligence du *Castor*, l'adresse du *Singe* et le sentiment du *Chien*.

Son organe le plus admirable est dans sa trompe. Il s'en sert comme d'une main pour boire, pour arracher de l'herbe et la porter à sa bouche, déraciner les arbres et briser les branches qui le gênent sur son passage.

G   H   I

Grenouille.

Hibou.

Ibis.

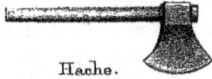

Hache.

Général.

Harengs.

Imprimerie.

Sa force est prodigieuse. Il vit de 150 à 200 ans.

Ses défenses sont l'*ivoire* que l'on emploie de tant de manières. Elles sont longues de quelques pieds.

FAUTEUIL.

On nomme Fauteuil un grand siége à dos et à bras.

FONTAINE.

Une Fontaine est un jet d'eau vive qui sort de terre ; on nomme aussi *Fontaine* le corps d'architecture, la pierre taillée, le tube qui sert pour l'écoulement, pour le jeu des eaux d'une Fontaine.

FOUINE.

La Fouine est un quadrupède du genre des Martes ; elle est longue d'un pied quatre à cinq pouces, et sa hauteur n'est guère que de sept à huit pouces ; elle saute et bondit plutôt qu'elle ne marche ; elle grimpe aisément contre les murailles, et s'introduit dans les colombiers, les poulaillers, etc., mange les œufs, les pigeons et les poules ; elle prend aussi les souris, les rats, les taupes, et même les oiseaux dans leurs nids.

La *Fouine* s'apprivoise jusqu'à un certain point, mais elle ne s'attache pas, et demeure toujours assez sauvage pour qu'on soit obligé de la tenir enchaînée.

GÉNÉRAL.

Un GÉNÉRAL est celui qui commande en chef une armée , un corps d'armée.

————————

GRENOUILLE.

La GRENOUILLE est un reptile très-connu. Lacépède dit que c'est un être dont la taille est légère , le mouvement preste , l'attitude gracieuse. Son plus grand malheur est de ressembler sous certains rapports, avec le crapaud , cet animal ignoble et dégoûtant , objet de la répugnance et de la haine du plus grand nombre.

Les *Grenouilles* habitent le bord des rivières et des étangs paisibles dont elles diminuent souvent la solitude sans en troubler le calme. Elles nagent avec facilité par le moyen de leurs pattes de derrière dont les doigts sont terminés en nageoires. Elles vivent d'insectes , de jeunes coquillages ; mais elles ne les recherchent que lorsqu'ils sont en vie.

————————

HACHE.

Une HACHE est un instrument de fer tranchant , auquel on adapte un manche , et dont on se sert pour couper ou pour fendre du bois et autres choses.

————————

HARENG.

Le HARENG est un poisson qu'on trouve dans toutes les mers du Nord de l'Euro-

J   K   L

Jabiru.

Kanguroo.

Lyre.

Jocrisse.

Kiosque.

Laboureur.

pe , de l'Asie et de l'Amérique. Il vit de petits poissons , de vers marins et de petits crustacés , et il sert à son tour de nourriture à tous les cétacés et à tous les poissons voraces qui habitent les mêmes mers que lui. Le nombre des harengs est si considérable , que dans leur émigration , ils forment des bancs de plusieurs lieues de large , de plusieurs toises d'épaisseur , et si serrés qu'ils se touchent tous.

On a compté jusqu'à 68,656 œufs dans le corps d'une seule femelle, et on assure qu'il s'en pêche , année moyenne , mille millions d'individus.

HIBOU.

Le HIBOU commun , qu'on nomme aussi *Moyen-Duc* , est de la classe des oiseaux de nuit. Il a treize pouces de longueur , et trois pieds de vol ; les ailes pliées dépassent un peu le bout de la queue.

Des *Ducs* celui-ci est le plus commun et le plus nombreux en France , on assure qu'il se donne rarement la peine de faire un nid , ou se l'épargne presque en entier ; tantôt la femelle pond dans un vieux nid de *Pie* , tantôt dans celui d'une *Buse* , ou autre gros oiseau.

Lorsqu'on veut élever un *Hibou* , il faut le prendre très-jeune , autrement il refuse toute nourriture , dès qu'il est enfermé. Il se nourrit ordinairement de souris , de rats , de mulots , de chauve-souris , de reptiles , etc.

IBIS.

L'IBIS est un oiseau de l'ordre des échassiers. Il se trouve en Égypte et dans l'île de Ceylan. Il vit en troupes nombreuses dans les environs du Volga.

De grands souvenirs s'attachent au nom de cet oiseau. Il fut un objet de vénération publique, on lui rendit des honneurs divins, et on lui établit un culte particulier en Égypte, en reconnaissance des soins qu'il mettait à la destruction des reptiles et des insectes dégoûtants qui pullulaient dans ce pays, et dont les hommes n'auraient pu se débarrasser en grande partie, sans le secours de cet oiseau.

L'*Ibis* a environ trois pieds et demi de hauteur ; son plumage est d'un blanc rosé ; les pennes de la queue et des ailes sont noires. On le confond souvent avec la *Cigogne*.

IMPRIMERIE.

Une IMPRIMERIE est un établissement dans lequel on imprime des livres ou d'autres objets faits pour faciliter le travail des écrivains.

L'*Art de l'Imprimerie* n'est connu que depuis quelques siècles en Europe. On le connaissait beaucoup plus anciennement dans la Chine.

Une Imprimerie est composée de caractères et de presses. Les caractères sont de petits morceaux d'étain allié avec du plomb et de l'antimoine ; ils sont longs d'environ un pouce, et de

M   **N**   **O**

Moutons.   Nandou.   Ours.

Malade.   Nain.   Oiselier.

différentes épaisseurs ; à l'un des bouts sont les caractères *a*, *b*, *c*, on les met dans une casse formée d'autant de petites séparations qu'il y a de signes nécessaires à l'impression. Lorsqu'on veut former un mot, on prend chaque lettre l'une après l'autre ; et les mots à la suite les uns des autres, forment des lignes qu'on place sur une petite planche à rebords ; les lignes placées l'une sous l'autre forment des pages. On place ces pages dans un cadre de fer ; et avec des coins de bois on assujettit ces caractères mobiles qui forment des pages, et ces pages qui forment des feuilles, de manière à ce que ce ne soit plus qu'une planche solide. C'est cette planche qu'on nomme forme, qu'on met sous la presse; on enduit les caractères d'encre faite exprès ; on fait retomber le papier qui est humide sur la forme ; on presse ; les caractères se marquent sur le papier ; et voilà des mots, des lignes, des pages et des livres.

JABIRU.

Le JABIRU est un oiseau qui égale au moins le *Cygne* en grosseur ; son cou, quoique long, est fort gros ; l'oiseau a plus de quatre pieds et demi de hauteur verticale, et près de six pieds de longueur totale. Il est de la famille des échassiers, et son plumage d'abord d'un gris cendré, devient plus tard d'un blanc rosé.

On le trouve en grand nombre, dans les vastes savanes noyées de la Guyane où il se nourrit de poissons et de reptiles. Il est très-vorace, se niche sur les arbres élevés ; il vole très-haut.

Lorsque les *Jabirus* sont jeunes, ils se laissent prendre et s'apprivoisent facilement.

JOCRISSE.

Jocrisse est le nom qu'on donne à un valet niais et maladroit. C'est aussi un terme injurieux dont on se sert pour qualifier un benêt, qui se laisse gouverner, ou qui s'occupe des soins les plus bas du ménage.

KANGUROO.

Le Kanguroo se trouve dans les plaines du sud de la Nouvelle-Hollande. Cette espèce se rapproche de la *Sarigue* par la singulière propriété qu'il a de renfermer ses petits dans une poche qu'il a sous le ventre. Il est rongeur comme le rat. Il se nourrit de végétaux.

Cet animal est extrêmement timide. Il a les jambes de devant très-courtes. Il est pourvu d'une telle force de reins qu'il peut franchir un espace de vingt à trente pieds d'un élan. Sa queue est très-longue et d'une force extraordinaire, il s'en sert comme d'une troisième jambe, quand il est debout.

KIOSQUE.

Kiosque est un mot emprunté du turc. C'est ainsi qu'on nomme certains pavillons dont on décore les jardins, les parcs, et qui sont dans le goût oriental.

Panthère.

Queréiva.

Renard.

Perruques.

Quilles.

Ruches.

LABOUREUR.

Celui dont l'état est de labourer, de cultiver la terre, se nomme LABOUREUR.

LYRE.

La LYRE ou *Parkinson* est du nombre des oiseaux dorés, genre des Gallinacés. Cet oiseau remarquable par la beauté de sa queue qui a la forme d'une Lyre, se trouve dans les pays montagneux de la Nouvelle-Hollande, d'où lui est venu le nom de *Faisan des montagnes* que lui ont imposé les Anglais qui habitent cette partie du monde. L'on n'a pas jusqu'à présent de notions sur son genre de vie.

Sa grosseur est celle du *Faisan doré.*

MALADE

Un MALADE est celui qui souffre quelque altération dans sa santé. Les soins qu'on donne aux Malades sont dignes d'éloges lorsqu'il s'agit d'une personne étrangère ; mais ces soins sont un devoir qu'on doit remplir avec exactitude, lorsqu'il s'agit de ses parents et surtout des auteurs de ses jours.

MOUTON.

Le MOUTON est le symbole de la douceur et de la timidité. C'est une des conquêtes les plus précieuses de l'homme. Il fournit à-la-fois de quoi nous nourrir et nous vêtir, sans compter les avantages particuliers que l'on sait tirer de son lait, de sa graisse, de sa peau, de ses boyaux, de ses os et de son fumier.

On tond cet animal tous les ans ; sa laine est l'objet d'un commerce très-important.

Le *Mouton mâle* se nomme *Bélier* ; la femelle *Brebis*, et les petits sont appelés *Agneaux*.

NAIN.

On appelle NAIN celui qui est d'une taille beaucoup plus petite que celle ordinaire. Celui que représente notre figure est dans un costume ridicule. C'est ainsi que se trouvait affublé un nain qu'on montrait il y a quelques années dans une baraque dressée sur le champ de foire de la ville d'Harlem.

NANDOU.

Le NANDOU est aussi appelé *Nandapoa* et *Nhandu-Apoa*.

Cet oiseau est de l'ordre des échassiers, genre du *Jabiru*. Buffon dit que son vrai nom brasilien est *Nandapoa*. Il est à-peu-près de la taille de la *Cigogne*. Sa tête et le haut de son cou n'ont point de plumes, mais sont recouverts d'une peau écailleuse. Il a les yeux noirs, les oreilles larges, les pennes des ailes et de la queue noires, avec un reflet de beau rouge dans celles de l'aile ; le reste du plumage blanc.

Comme le *Jabiru* de la Guyane, il se nourrit de poissons et de reptiles.

OISELIER.

On nomme OISELIER celui dont le mé-

S  **T**  **U**

Singe .   Tortue .   Urson .

Saltimbanque .   Tombeau .   Union .

tier est de vendre et d'élever des oiseaux. Celui que représente notre figure est occupé à donner la becquée à un jeune *Merle*.

L'Oiseleur est celui qui va dans les champs ou dans les bois, prendre des oiseaux à la pipée, aux filets ou autrement.

———————

OURS.

L'Ours est un des quadrupèdes les plus sauvages. Il a la vue, l'ouïe et le toucher excellents. Il vit toujours seul dans une caverne ou dans un vieux tronc d'arbre. Pendant l'hiver, il se blottit sans provisions, dans sa demeure habituelle où il partage son temps entre le plaisir de dormir et celui de lécher ses pieds dont la substance grasse qu'il

en retire forme sa seule nourriture pendant cette saison.

La force de l'*Ours* est prodigieuse. Pris jeune, il est susceptible d'une certaine éducation. On en voit souvent dans nos foires auxquels on a appris à danser sur les pieds de derrière en s'aidant d'un bâton.

———————

PANTHÈRE.

La Panthère qu'on s'accorde généralement à regarder comme le même animal que le *Léopard*, est un quadrupède carnassier du genre *Chat*.

Le corps de cet animal, lorsqu'il a pris son accroissement entier a cinq ou six pieds de longueur.

La *Panthère* est d'un naturel féroce ;

sa fourrure est estimée ; sa chair est bonne à manger. On la trouve dans les climats les plus chauds de l'Asie et dans l'Afrique équinoxiale. Elle se plait dans les forêts épaisses , et fréquente les lieux habités dans le voisinage des fleuves , où elle cherche à surprendre les animaux domestiques : elle se jette rarement sur les hommes.

PERRUQUES.

La PERRUQUE est une coiffure formée de faux cheveux. On ne voit plus que les vieillards et les personnes chauves qui couvrent leur tête d'une perruque.

Autrefois et principalement sous le règne de Louis XIV , la perruque était une partie obligée de la toilette des personnes d'un certain rang ; il y en avait d'une grandeur et d'une ampleur démesurées.

QUERÉIVA.

Le QUERÉIVA est un oiseau de l'ordre des *Passereaux* , genre du *Cotinga*.

Il est de la grosseur du *Mauvis* et a huit pouces de longueur. Une brillante teinte d'un bleu d'aigue-marine qui change de nuance selon la direction des rayons de la lumière , au point de paraître totalement verte , domine sur presque tout son plumage ; mais elle ne colore que l'extrémité des plumes , qui sont en grande partie noires. Une plaque d'un pourpre violet très-éclatant couvre plus ou moins , la gorge et le devant du cou ; Le bec et les pieds sont noirs.

On le trouve dans la Guyane.

Vache

Xandarus.

Yapock.

Vases.

Xystiques

Yacht.

QUILLES.

On nomme QUILLE, un morceau de bois long et rond, plus mince par le haut que par le bas, servant à un jeu où il y a neuf de ces morceaux de bois, qu'on range ordinairement trois à trois en carré pour les abattre avec une boule qu'on lance de plus ou moins loin selon la convention des joueurs.

RENARD.

Le RENARD est fameux par ses ruses, et mérite sa réputation ; ce que le loup fait par la force, il le fait par adresse, et il réussit plus souvent. Chez lui tout est finesse, et sa finesse n'a pour but que de satisfaire sa voracité.

Le *Renard* se met presque toujours en campagne la nuit. La basse-cour est ordinairement le théâtre de ses exploits, il égorge toute la volaille qu'il rencontre et que sa vue rend presque muette, puis il emporte successivement son butin qu'il va déposer sous la mousse. C'est le plus grand destructeur de gibier qui soit connu.

RUCHE.

Une RUCHE est une sorte de panier en forme de cloche, où l'on met les mouches à miel, et qui est ordinairement d'osier, de paille, etc.

On nomme quelquefois *Ruche* le panier et les mouches qui sont dedans.

SALTIMBANQUE.

Un SALTIMBANQUE, qu'on nomme aussi bâteleur, jongleur, est un charlatan qui s'établit sur une place publique, tantôt sur un théâtre, tantôt auprès d'une table, ou sur des tréteaux, pour y faire ses exercices et y débiter ses drogues.

————————

SINGES.

Les SINGES sont les animaux dont les formes ressemblent le plus à celles de l'homme; c'est en quelque sorte un homme dépourvu de l'intelligence que nous tenons de Dieu.

S'il semble copier toutes nos actions corporelles, c'est qu'il est conformé de la même manière que nous. L'on conçoit en effet qu'une machine qui serait pourvue des mêmes muscles et des mêmes os que l'homme, ne pourrait pas exécuter des mouvements différents des nôtres.

Ils sont *quadrumanes*, c'est-à-dire qu'ils ont quatre mains; car leurs pieds sont faits comme leurs mains, et ils s'en servent avec la même facilité. Ils sont *omnivores* mais surtout *frugivores*, parce qu'ils vivent sur les arbres des climats chauds des tropiques, où croissent beaucoup de fruits.

————————

TOMBEAU.

Un TOMBEAU est un sépulcre, monument élevé à la mémoire d'un mort dans l'endroit où il est enterré.

————————

TORTUES.

Les Tortues sont un genre de reptiles dont les caractères consistent à
avoir le corps renfermé dans une boîte
osseuse, recouverte de cuir ou de pla-
ques écailleuses ; quatre pieds pourvus
de doigts, tous ou presque tous onguí-
culées.

On connaît trois sortes de Tortues.

Les *Tortues marines*, qui nagent
presque continuellement et qui ne vont
à terre que pour y déposer leurs œufs.

Les *Tortues d'eau douce*, qui vivent
dans les rivières, les étangs, les marais,
qui sont la moitié de leur vie dans l'eau ;
et l'autre moitié sur terre.

Enfin les *Tortues terrestres* qui ne
vont jamais dans l'eau.

Le marcher des *Tortues* est très-lent.
On ne se fait pas d'idée de la tenacité de
la vie de ces animaux. On a vu à Paris
même une *Tortue* affaiblie par un
voyage de deux cents lieues et un jeûne
de plusieurs mois, vivre une journée
entière après avoir eu la tête coupée.

UNION.

Union. Ce mot signifie figurément
concorde, liaison étroite, bonne intelligence. La figure que nous donnons
dans cet alphabet représente deux époux
se jurant fidélité sur l'autel de l'hymen.

URSON.

L'Urson est un animal genre du
Porc-épic. Ce quadrupède du Nord de
l'Amérique aurait pu, ainsi que l'a in-

génieusement pensé Buffon , s'appeler le *Castor épineux* ; car il est du même pays , de la même grandeur , et à-peu-près de la même forme de corps ; il a comme lui à l'extrémité de chaque mâchoire , deux dents incisives longues , fortes et tranchantes , indépendamment de ses piquants qui sont assez courts et presque cachés dans le poil.

L'*Urson* fait sa bauge sous les racines des arbres creux ; il fuit l'eau , et craint de se mouiller. Il dort beaucoup , se nourrit principalement d'écorce de genièvre. Il boit en été , et en hiver il avale la neige.

VACHE.

La VACHE est la femelle du *Taureau* ou du *Bœuf.* C'est elle qui fournit le lait si nécessaire à nos besoins , et avec lequel on fait du beurre , du fromage et du petit lait.

Quand elle est jeune on la nomme *Genisse* , son petit est appelé *Veau.*

Lorsqu'elle ne donne plus de lait , on l'engraisse et on la livre ensuite au boucher qui en débite la viande. Sa peau tannée et corroyée sert à faire des souliers.

VASES.

Un VASE est une sorte d'ustensile qui est fait pour contenir des liqueurs , des fruits , des parfums , des fleurs. On nomme également vase , certains vaisseaux de forme élégante et à bords évasés qui servent d'ornement dans les jardins , les palais , etc.

La Musique.   Zébu.   La prière.

La Récréation.   Zain.   La Lecture.

XANTARUS.

Le Xantarus ou Xandarus des Grecs est suivant M. Valmont de Bomare, le même animal que le *Tarandus* ou le *Rhenne*. C'est donc ce dernier animal qui est représenté sur notre figure.

C'est un quadrupède du genre des cerfs, dont il ne diffère que par la forme de ses bois, par la couleur et la longueur de son poil, et par ses jambes qui sont plus courtes.

Une différence remarquable entre le *Cerf* et le *Rhenne*, c'est que la femelle de ce dernier porte des cornes comme le mâle, tandis que la *Biche*, femelle du *Cerf*, n'en porte point du tout.

Le *Rhenne* est très commun en Laponie, où les habitants se font traîner par lui.

Les Lapons sont réputés riches dans la proportion du nombre de *Rhennes* qu'ils possèdent. Ces animaux leur donnent du lait dont ils font du fromage, et ils en tirent plus d'avantages que nous de nos moutons.

XYSTIQUE.

Xystique, nom des athlètes et des gladiateurs qui, pendant l'hiver combattaient sous des portiques et non en plein air.

YACHT.

Un Yacht est un petit navire à un pont qui va à voiles et à rames, et qui sert ordinairement pour la promenade.

YAPOCK.

L'YAPOCK, quadrupède de l'ordre des carnassiers et du genre *Sarrigue*, a sept à huit pouces de longueur, mesuré du bout du nez à l'extrémité du corps ; sa queue est longue d'environ six pouces ; ses pieds de derrière sont palmés comme ceux des *Castors* ; ceux de devant ont les doigts libres.

On ne sait rien sur les habitudes de l'*Yapock*. Cette espèce a été envoyée à Buffon sous le nom de *Petite Loutre d'eau douce de la Guyane*.

ZAIM.

Un ZAÏM est un soldat turc qui jouit d'un bénéfice militaire, au moyen duquel il est obligé de s'entretenir, lui et un certain nombre de miliciens qu'il fournit. Il est d'un grade plus élevé que le *Timariot*.

ZÉBU.

Le ZÉBU est un quadrupède de l'espèce du *Taureau*. Quelques naturalistes l'ont décrit sous le nom de *Petit bœuf*; en effet la plupart des *Zébus* sont de petite taille, et en tout si semblables à un *Bœuf*, qu'on ne peut en donner une idée plus juste, qu'en disant que ce sont de vrais *Bœufs*. On les distingue par une bosse ou loupe entièrement charnue qu'ils ont sur les épaules. Leur corps est trapu, et leur croupe mal conformée.

Ces animaux sont forts communs dans les parties septentrionales de l'Afrique. Quoique massifs, les *Zébus sauvages* courent avec beaucoup de vitesse ; aucun animal ne peut les atteindre, si ce n'est peut-être le *Cheval Barbe*.

FIN.

LILLE.—TYP. DE BLOCQUEL-CASTIAUX.